AF562322

AU

DUC D'AUMALE

LETTRE

SUR

LA MORALITÉ POLITIQUE

PAR

FRÉDÉRIC BILLOT

> Rompez, rompez tout pacte avec l'impiété !
> (ATHALIE).

A PARIS

Chez DENTU, LIBRAIRE-ÉDITEUR.

1861.

Nimes. — Typographie SOUSTELLE, boulevart Saint-Antoine, 9.

MONSIEUR LE DUC,

I

Vous êtes Français; vous êtes prince; et votre jeunesse est dévorée par l'exil.

A tous ces titres vous méritez des égards. Et quoique je ne sois point chargé de défendre ce que vous *internez* en France, je ne puis, à mon tour, laisser passer, sans y répondre, plusieurs des appréciations graves contenues dans votre *Lettre sur l'Histoire de France* du 15 mars dernier.

Je n'ai servi, Monsieur le Duc, sous aucun régime. Mon esprit est donc entièrement indépendant. Si j'ai des regrets sur beaucoup de choses, je ne puis en avoir aucun à l'endroit de votre famille. Dégagé de bienfaits qui ne m'ont pas touché, d'injures que je n'ai pas reçues, je viens, comme un français dévoué avant tout à son pays, vous répondre avec une liberté que vous ne sauriez trouver mauvaise. Vous avez donné l'exemple de l'usage que l'on peut en faire et votre esprit est trop élevé pour s'irriter de la réciprocité.

Je n'ai donc aucune haine personnelle contre vous; je tiens à le constater et à vous le dire. Si votre famille, qui comme influence date d'hier, s'est souillée de plus d'un crime, j'en laisse la responsabilité à qui elle appartient. Je ne pourrais élever de reproche particulier contre vous qu'autant que vous accepteriez la solidarité des actes effroyables qui l'accusent et que l'histoire a si justement flétris.

Encore une fois, loin de moi la lâche pensée d'insulter un Français, un prince, un exilé ! Un Français qui a montré du cœur sur nos champs de bataille en Afrique, — un prince, épave bourbonnienne qu'un Français respectera toujours, — un exilé dont je serais le courtisan s'il avait, pour lui et les siens, demandé son pardon au chef de son illustre famille.

II

Vous jetez, Monsieur le Duc, une *leçon d'histoire* à la face de la France. Vous parlez haut et ferme, et après avoir rendu à l'auteur de votre courroux la monnaie de sa pièce, vous vous dilatez, avec quelque orgueil, sur les gloires de votre famille...

Quand on donne *une leçon*, fût-elle *d'histoire*, c'est à la condition d'être dans la vérité. J'ai, comme tout autre, le droit de l'exiger.

Je ne vous ferai pas l'injure de vous dire que vous ignorez l'histoire ; mais vous la déchirez, vous l'altérez, vous la dénaturez de façon à la rendre méconnaissable. C'est à ce point que votre *leçon d'histoire*, pour la partie dont je dois seulement m'occuper, n'est qu'une déplorable réclame en faveur de votre Maison, ou, si vous l'aimez mieux, comme on l'a écrit *quelque part*, un manifeste orléaniste.

Malgré la République de 48 et l'Empire de 52, nous sommes encore trop près de 1830, Monsieur le Duc, pour que nous puissions être abusés. Les plaies profondes que votre famille a faites à la France sont encore trop douloureuses et trop vives pour que nous les ayons oubliées.

Vous avez cru le moment bien choisi pour élever votre hardiesse jusqu'à réhabiliter la révolution de Juillet que vous osez appeler *la plus pure de toutes nos révolutions!* Vous ne craignez pas de dire que *le trône était vacant* et que votre père *y a été appelé par la volonté de la nation!...* Vous avez le courage d'ajouter : « *qu'il n'a jamais conspiré!!...* »

Non! Monsieur le Duc! la révolution de 1830, loin d'être pure, a été une œuvre parricide au premier chef!

Le trône n'était pas vacant, la couronne des nobles aïeux d'Henri V n'était ni abandonnée, ni par terre; votre père l'a audacieusement volée et comme on l'a dit : *il a pris sur un berceau ce qui ne se prend que sur une tombe...*

Louis-Philippe n'a point été appelé par la volonté de la nation : 219 traîtres dont il était, de longue main, le chef, l'ont affublé de ce manteau royal qui, comme la robe de Nessus, devait le dévorer.

Ouvrier de tous les temps et de toutes les heures au foyer révolutionnaire, votre père a conspiré hors de la France et contre elle, — il a conspiré au cœur de la France et contre son roi! — un jour est venu où la France, fatiguée de tant d'indignités, a laissé éclater son dédain; et votre race a été ensevelie dans la *révolution du mépris.*

Ceux que la foudre a frappés, Monsieur le Duc, ne ressuscitent pas. Mais ne nous pressons pas et pénétrons ensemble plus intimement au cœur de l'histoire.

III

Je vous demande pardon, Monsieur le Duc, si mon langage a quelque chose de blessant pour votre famille ; mais il est commandé par la nature des faits, par l'énormité des situations. Je ne cède à aucun sentiment de colère ou de haine. Je n'obéis qu'à la grande indignation de mon pays dont les échos retentiront éternellement des accents lugubres attachés au souvenir de l'orléanisme.

Une grande voix (1) l'a proclamé dans les temps modernes : LA RÉVOLUTION C'EST L'ORLÉANISME ! Tout le passé de votre famille se résume en ces trois mots ; et ce passé, nous l'espérons, n'aura pas d'avenir.

La fureur et l'aveuglement des conspirations orléanistes ne datent pas, vous le savez, de 1830. L'ambition échevelée de votre race remonte un peu plus haut. Quand l'histoire moderne veut désigner un coupable parmi les plus grands, elle saute aux cheveux de votre aïeul pour montrer sa face livide non-seulement à la France mais à l'Europe épouvantées...

Le souvenir de ces hideux déchirements de famille, qui n'ont pas d'exemple dans les sociétés civilisées, vous a été lancé au visage par une voix hardie, plus modérée sur ce point que sur bien d'autres. Votre susceptibilité s'en est révoltée et, relevant

(1) M. H. de Lourdoueix.

le gant avec habileté, vous avez répondu : « Lancé sur une pente » fatale, il (Philippe-Egalité) ne sut pas résister à de déplorables » entraînements ; il expia sa faute. Il sortit de la Convention » nationale pour aller à l'échafaud. »

Vous ne voyez donc, dans la conduite de votre aïeul, que *de déplorables entraînements !* Le régicide ne vous touche que comme une erreur ! Et vous croyez avoir tout expliqué, tout justifié sans doute en rappelant l'expiation par l'échafaud... Mais Robespierre et Danton aussi montèrent sur l'échafaud !...

Ah !... je comprends que vous ne pouviez répondre à la brûlante accusation dirigée contre votre famille qu'en donnant une place étroite et voilée à l'épouvantable participation de Philippe-Egalité au parricide du 21 janvier. Mais quand on ne peut pas tout dire, on se tait. Il n'est pas permis de se faire une histoire à sa convenance. En face de la postérité, tout ou rien !... Et la France n'aurait jamais blâmé la pudeur de votre silence...

Puisque vous avez commencé la phrase sur Philippe-Egalité, permettez-moi de l'achever en peu de mots :

Placé près du trône, descendant du frère de Louis XIV, votre aïeul ouvrit bientôt, au milieu du mouvement purement réformiste de 1789, son cœur à une pensée d'usurpation qui ne pouvait se réaliser que par la mort violente d'un roi en possession du titre le plus impossible à contester, d'un roi vertueux s'il en fut, aimé du peuple et à qui le peuple venait de décerner le titre de *Restaurateur de la liberté française !*

L'action néfaste de la faction d'Orléans est révélée dans toutes les pages de l'histoire de notre première révolution.

S'il y a un point historique hors de contestation, dit un publiciste illustre, c'est que les journées des 5 et 6 octobre furent amenées par l'or de la faction d'Orléans. Ces journées tuèrent la royauté comme le 21 janvier tua le roi.

Cet or qui se répandait dans les bas-fonds de la grande cité, pour produire ces journées horribles où la Majesté royale était traînée vivante aux gémonies de la révolution, quelle était sa source? Il venait des immenses apanages, accordés naguères par la munificence de la grande nation au frère du grand roi pour qu'il pût soutenir et défendre au besoin cette majesté de la couronne et les lois fondamentales de la monarchie.

Ivre de cupidité, ivre d'ambition, ivre de crimes dont la consommation pouvait préparer son succès, ivre de toutes les ivresses, cet homme de fange et de boue, — Philippe-Egalité, — puisqu'il faut l'appeler encore par son nom; — ne craint pas de voter sans phrase la mort de son parent, de son bienfaiteur, du chef de sa famille, de son roi...

Et vous appelez cela, Monsieur le Duc, de simples égarements. Vous vous égarez à votre tour et votre égarement est plus que déplorable. Si Philippe-Egalité n'a point joui du trône qu'il convoitait, si la révolution l'a jeté avec mépris dans les mains du bourreau, si avant de mêler son sang à celui de ses complices, il n'était déjà plus aux yeux des régicides qu'une individualité dégoûtante, un objet d'horreur, qu'un régicide lui-même ne pouvait supporter; il faut rendre à cet être exceptionnel son véritable caractère politique et moral. Je n'inventerai pas un nom pour cette monstruosité. Je me bornerai à signaler ses instincts cruels, ses appétits désordonnés, ses habitudes qui ne se rapportent à aucune nature décrite par le philosophe ou le naturaliste. Si vous jugez convenable d'écrire une seconde leçon d'histoire... naturelle, vous pourrez, aussi bien que moi, lui donner la place qui lui convient.

Eh bien! Monsieur le Duc, cet homme méprisable et méprisé, ce scélérat qui restera à jamais écrasé sous le poids du plus grand des crimes et l'opprobre de son nom, ce misérable dont la défection a été la cause morale de la catastrophe du 21 janvier, a été bien coupable ! Il y a peut-être quelqu'un, dans votre famille, qui l'est plus que lui... Et ce *quelqu'un*, c'est votre père ! !

IV

Louis-Philippe n'a jamais conspiré, dites-vous... Mais sa vie n'a été qu'un tissu de conspirations ! ! Daignez me suivre et vous verrez.

Nous connaissons Philippe-Egalité, ce qu'il a fait ; le but où il tendait est manifeste. A ses côtés, se trouvait son fils, imprégné des mêmes idées, dévoré de la même ambition, battant des mains à tous les excès révolutionnaires. On va même jusqu'à dire que le jour où l'illustre De Sèze lança à la tête de l'Assemblée régicide cette brûlante apostrophe : « Je cherche parmi vous des juges et je ne vois que des accusateurs ! » votre père, témoin des dernières réponses faites par l'auguste victime à ses bourreaux, aurait dit, avec une rage infernale : *vous verrez qu'il niera tout ! ! !* » tant il craignait que la dignité de ses réponses n'exerçât d'influence sur l'arrêt attendu. Si ce propos est vrai, — et ceux qui l'affirment ne permettent pas le doute, — votre père, dès ce moment, ne vaut pas plus que le digne auteur de ses jours ; vous me l'accorderez. Car si Louis-Philippe n'a pas voté la mort de Louis XVI, c'est uniquement parce qu'il n'a pas été appelé à voter.

Persistant dans ses ardeurs ambitieuses, votre père s'est jeté dans l'armée où il espérait reconquérir militairement ce qu'il avait perdu. Mais il n'avait ni l'ampleur, ni l'étoffe d'un chef militaire ;

et Jemmapes et Valmy, ridiculisés par la fatuité de ses harangues dynastiques de 1830, ne l'ont pas sauvé de sa médiocrité!

Forcé de ne plus conspirer en France, votre père est allé établir son atelier à l'étranger. Qu'y a-t-il fait ? je ne me charge pas de vous rappeler toutes ses agitations, toutes ses menées, toutes ses intrigues : ce serait trop long et peu agréable et pour vous et pour moi.

Vous savez que votre père, avant et surtout après le 21 janvier, n'était pas l'objet de beaucoup de considération auprès des souverains de l'Europe; qu'il était particulièrement de la part de tous les Bourbons du continent l'objet d'un dégoût et d'un mépris qu'il sentait vivement. Louis-Philippe portait en effet avec lui une odeur de sang qui devait éloigner de lui. Il dut donc chercher à se refaire auprès des divers cabinets qui ne pouvaient le sentir, et notamment auprès des Bourbons de la branche aînée adoucis par la célèbre déclaration d'Hartwell en 1803 (1).

L'Europe était violemment agitée, vous le savez. Le grand capitaine traversait au galop tous les empires, abattait les couronnes, les redressait à sa guise, jouait, en un mot, de l'Europe comme un géant d'un pygmée.....

On était en 1808. La grande étoile de Napoléon Ier commençait à pâlir du côté de l'Espagne... La guerre de l'Indépendance était brûlante de toutes ses légitimes ardeurs... C'est ce moment que votre père choisit pour se faire réclamer par le général (voir la lettre du conseil de régence datée du 11 mars 1808) Xavier de Castanos *pour commander une armée espagnole dans la vue de fomenter l'insurrection dans l'intérieur de la France!* — Le 4 mars 1810, le même conseil répond au *désir exprimé* par votre père *de combattre dans les armées espagnoles.* — Le 7 mars, Louis-

(1) Voir la note n° 1 à la fin du volume.

Philippe répond, de Palerme : « Le cri de la nation espagnole » n'a jamais cessé de retentir dans mon cœur ; et depuis cette » époque le premier de nos vœux a été d'obtenir l'honneur que » Votre Majesté me fait aujourd'hui en me permettant d'aller » combattre avec ses armées... J'accepte cette honorable invita- » tion avec le plus grand empressement et la plus profonde re- » connaissance... Je sens tout ce que m'impose l'honneur que vous » me faites de m'appeler à commander les Espagnols... »

Cela peut s'appeler conspirer carrément contre la France. Aucun prince de la branche aînée n'a sollicité un tel mandat. Cette pensée, de combattre contre des Français, ne pouvait naître que dans la tête du fils de Philippe-Egalité ! Hélas ! ce n'est pas la seule !

Qu'y a-t-il de plus infâme, pour un Bourbon, que cette lettre de Palerme, du 17 avril 1808 ? Et cette autre de Cagliari, du 20 mai 1809 ? La France et l'Europe connaissent ces ignobles éléments de conspiration, d'ambition, de bassesse, de trahison et d'hypocrisie, qui font monter la rougeur au front le moins susceptible.

C'est dans la première que votre père écrit notamment ceci : « ..... Je suis prince français et cependant *je suis Anglais* d'abord » PAR BESOIN, parce que nul ne sait mieux que moi que l'Angle- » terre *est la seule puissance qui veuille et qui puisse me protéger...*, » etc. » Viennent ensuite les conseils verbaux pour diriger les armées de l'Europe sur les points qui doivent assurer leurs succès en écrasant les soldats de la France, sans oublier de saisir l'occasion de demander pour lui l'aumône d'un petit royaume comme celui des Sept-Iles, par exemple ; et cela avec la permission et sous *la protection* de l'Angleterre, après en avoir, bien entendu, *chassé les Français.*

Que tout cela est dégoûtant !! A-coup-sûr, si cela n'avait pas ce misérable caractère, on devrait toujours reconnaître que c'est peu français.

Encore une citation, et je vous tiendrai quitte des conspirations paternelles à l'étranger.

Je vous ai déjà dit tout ce que votre père faisait et avait besoin de faire pour rentrer dans les bonnes grâces de ses aînés et de leurs parents. Ce que je vais vous raconter est d'autant plus odieux, que vous verrez vous-même le masque hypocrite dont Louis-Philippe s'est recouvert, — masque qu'il devait déchirer plus tard avec une si criminelle audace. — Voici le fait, il se passe en Juillet 1808: Votre père désirait vivement accompagner en Espagne le jeune prince sicilien Léopold ; qu'il s'agissait d'envoyer pour servir de drapeau aux royalistes espagnols. Mais les graves soupçons fondés sur la conduite antérieure de votre père et sur l'ambition échevelée qu'on lui connaissait, faisaient hésiter à l'associer à l'entreprise du jeune prince. La reine de Naples exigea donc, *comme une garantie*, une déclaration écrite de ses sentiments à l'égard du principe de légitimité et, de plus, elle voulut que cette déclaration écrite fût envoyée par lui au chef de la maison de Bourbon.

La lettre de votre père porte la date du 19 juillet 1808. Elle est magnifique de devouement et luxuriante de protestations. On lit des phrases comme celle-ci : « J'ai demandé à être admis à » l'honneur de servir dans les armées espagnoles contre Bona- » parte et ses satellites... » Voici celle que Louis-Philippe avait écrite de Palerme le 6 du même mois, à la reine de Naples. Elle mérite d'être citée presque en entier :

« Je suis lié, Madame, au roi de France, *mon aîné et mon maî-* » *tre, par tous les serments* qui peuvent lier un homme, *par tous* » *les devoirs* qui peuvent lier un Prince. Je ne le suis pas moins » par le sentiment de ce que je me dois à moi-même, que par ma » manière d'envisager ma position, mes intérêts, et par le genre » d'ambition dont je suis animé. Je ne ferai point ici de vaines » protestations, mon objet est pur, mes expressions seront sim-

» ples. JAMAIS JE NE PORTERAI DE COURONNE, TANT QUE LE DROIT » DE MA NAISSANCE ET L'ORDRE DE SUCCESSION NE M'Y » APPELLERONT PAS ; jamais je ne me *souillerai en m'appro-* » *priant ce qui appartient à un autre prince.* Je me croirais avili, » dégradé, en m'abaissant à devenir le successeur de Buona- » parte, en me plaçant dans une situation que je méprise, que » je ne pourrais atteindre que par le PARJURE LE PLUS SCANDALEUX, » et où je ne pourrais espérer de me maintenir quelque temps » que par la SCÉLÉRATESSE ET LA PERFIDIE dont il nous a donné tant » d'exemples.

» Mon ambition est d'un autre genre : j'aspire à l'honneur de » participer au renversement de son empire, à celui d'être un des » instruments dont la Providence se servira pour en délivrer l'es- » pèce humaine, pour rétablir sur le trône de nos ancêtres le roi, » mon aîné et mon maître, et pour replacer sur leurs trônes tous » les souverains qu'il en a dépossédés. J'aspire peut-être plus » à l'honneur d'être celui qui montre au monde que, QUAND ON » EST CE QUE JE SUIS, on *dédaigne*, on *méprise l'usurpation,* et qu'il » n'y a que *les parvenus sans naissance et sans âme qui s'emparent* » *de ce que* LES CIRCONSTANCES *peuvent mettre à leur portée,* mais » que l'honneur leur défend de s'approprier...., etc. »

V

Il est de la dernière évidence, Monsieur le Duc, que Louis-Philippe n'a pas conspiré une fois par hasard, en cédant à un déplorable entraînement, mais qu'il a conspiré partout et toujours.

Il a conspiré en 1789 et années suivantes, en France, contre son Roi; il a conspiré contre la France depuis le jour de son exil jusques à la Restauration, en appelant l'Etranger à son secours, en prenant du service contre sa patrie, en donnant des instructions aux ennemis de la France, en excitant l'Etranger à se ruer sur le sol de la France; et vous savez qu'il s'est chargé de léguer à l'histoire les preuves de toutes ces infamies.

Reconnaissez encore, avec moi, que sa déclaration d'Hartwell, que ses lettres à la reine de Naples et à Louis XVIII, que sa proclamation de Paris en 1816, au regard du passé et ce qui a suivi couvrent un cynisme dont je vous défie de citer un pareil exemple.

La Restauration se fait. La Branche aînée oublie tout; elle environne d'attention, de bienveillance et presque d'amour toute votre famille. Elle donne à votre père le titre d'Altesse Royale qu'elle n'aurait jamais dû lui conférer. Elle se l'associe en quelque sorte pour montrer à la France, une fois de plus, sa générosité, sa bonté, son dévouement chevaleresque pour tout ce qui est Bourbon.

Et pendant tout ce temps, Louis-Philippe, rampant à la Cour de Louis XVIII et de Charles X, rampant auprès de ses ministres, ouvrait ses salons à tous les ennemis du Roi et de sa famille. Et lorsqu'un jour, le sentiment public réveilla dans l'esprit du trône les justes soupçons de conspiration, dont le chef de votre famille était accusé, on repoussa cette pensée, tant on était aveuglé, en disant : « les Orléans sont de si bonnes gens! »

Un grand crime est commis. Le 13 février retentit comme le plus lugubre des échos. La France est dans le deuil. « La révo-
» lution elle-même paraît troublée à la vue de ce forfait, et le mot
» de *crime isolé* est soudain hasardé par elle. Que cette question
» reste pour nous où la justice humaine l'a laissée. Si le crime de
» Louvel fut *isolé*, si aucun homme ne lui désigna la victime, il

» y a donc dans les profondeurs du mal une intelligence amie de » la révolution, qui s'émeut de ses cris de détresse, et qui, dans » le moment où elle croit tout perdre, se fait une joie de tout lui » donner!.... Mais une autre intelligence supérieure à la pre» mière, tirant la vie de la mort, confond le génie du crime au » milieu même de son triomphe. »

Je n'ai rien lu, Monsieur le Duc, moi et bien d'autres, de plus tristement odieux que tout ce qui se rapporte aux propos et à la conduite de votre père et de votre tante Adélaïde au sujet de la naissance du duc de Bordeaux.

L'apostrophe insultante de Madame Athalin à la duchesse de Berry, celle non moins injurieuse de votre père en présence de Madame de Gontaut, l'ignoble soupçon manifesté au maréchal Suchet par le fils de Philippe-Egalité, les articles infâmes publiés par le même dans le *Morning-Chronicle*, tout cela, Monsieur le Duc, est d'hier; et ne sent-il pas la conspiration? Ce langage et cette conduite n'ont-ils pas tout le cachet de la famille? Concevez-vous quelque chose de plus odieux? — Je vous le déclare, si j'avais été roi de France, les d'Orléans, à cette époque, — *ces bonnes gens*, — auraient senti l'implacable vigueur de mon bras. Il n'en serait plus question depuis longtemps et bien des humiliations et des malheurs auraient été épargnés.

Et voilà l'homme duquel vous dites, répétons-le, qu'il n'a pas conspiré!!

Et dans cette révolution de 1830, que vous appelez *pure*, couronnement de l'édifice de 1793, quelle a été la conduite de Louis-Philippe? Pendant que l'insurrection exerçait ses fureurs dans la capitale, où était votre père? Etait-il à côté de son Roi? Formait-il un faisceau pour résister à l'émeute? Le sentiment de la dignité et du devoir, si chaudement exprimé dans les documents de l'exil comme après, l'animait-il? Etait-il, en un mot, au poste de l'honneur?

Poser ces questions, c'est les résoudre dans le sens de la félonie et du parjure. Non-seulement Louis-Philippe reste éloigné de la famille royale, laisse tout faire, mais encore il pousse à la consommation d'un triple parricide !

Pour épargner le sang français et quand il pouvait écraser dix fois la rébellion, Charles X et son Fils abdiquent en faveur du duc de Bordeaux, sous la lieutenance générale de votre père. Pour le dire tout d'abord : Est-ce là *un trône vacant ?* Vous savez le cas que le duc d'Orléans a fait de cette double abdication et comment il a fait conduire sur une terre étrangère, par l'amiral d'Urville, ces trois générations de rois légitimes, avec ordre de *couler* le vaisseau si l'on faisait une tentative pour revenir vers les côtes de France !...

Et comme le cynisme de l'hypocrisie a toujours une place dans les phases d'exceptions de votre famille, voici ce que, le 31 juillet 1830, votre père écrivait à Charles X, en s'appelant FIDÈLE SUJET :

« Palais Royal,

» *M. de*** dira à Votre Majesté comment l'on m'a amené ici par* » *force ; j'ignore jusqu'à quel point ces gens-ci pourront user de* » *violence à mon égard ; mais si dans cet affreux désordre, il arri-* » *vait que l'on m'imposât un titre auquel je n'ai jamais aspiré, que* » *Votre Majesté soit bien persuadée que je n'envierai toute espèce* » *de pouvoir que* TEMPORAIREMENT ET DANS LE SEUL INTÉRÊT DE NOTRE » MAISON.

» *J'en prends ici l'engagement formel envers Votre Majesté. Ma* » *famille partage mes sentiments à cet égard.* »

Direz-vous encore qu'il n'a pas conspiré ? Plus coupable que son indigne père, il a été le serpent réchauffé au sein de la famille : — il a étudié ses faiblesses, il l'a bercée dans toutes les illusions, il a abusé de toutes les confiances, il l'a trompée d'une façon sacrilége ; il n'a pas versé le sang de ses rois, mais il les a étouffés !

Serait-il moins scélérat que Philippe-Egalité !! A son tour, il n'est pas descendu des Tuileries sur l'échafaud ; son expiation a été plus triviale, plus vulgaire; la France l'a chassé comme un valet... La Providence a voulu l'achever non dans le sang, mais dans la boue ; il a été victime non de la colère, mais du mépris de la France : il ne l'avait pas volé... cela...

Et vous vous étonnez, Monsieur le Duc, qu'une voix se soit élevée pour flétrir ces divisions, ces déchirements de famille, pour imprimer l'opprobre sur Philippe-Egalité et sur Louis-Philippe ! Vous vous étonnez qu'on ose vous rappeler les crimes de votre famille et vous croyez en amoindrir l'horreur et presque les excuser en rappelant dix siècles d'illustration et de grandeur des Bourbons. Ah ! ici, je vous arrête ! Sans doute la famille des Bourbons est, de l'aveu de tous, la plus ancienne et la plus illustre des familles régnantes du globe ; sa gloire, ses grandeurs lui appartiennent et je ne sache pas qu'elles soient tombées en communauté avec vous où les vôtres... Vous datez d'hier, Monsieur le Duc, s'il est permis de le dire ; vous ne venez qu'après Louis XIV. Avant, vous étiez dans le néant. Pourquoi en êtes vous sorti ! Il y a une solidarité de famille ; elle existe pour les âmes nobles, pour les grands cœurs. Cette solidarité, vous l'avez exécrablement foulée aux pieds ! Vous vous êtes séparés de la famille ! Vous avez défectionné en présence de l'ennemi ! Vous êtes devenus faction ! Vous vous êtes séparés de la famille dont vous vous êtes rendus indignes : vous ne comptez plus dans ses rangs ! La loi civile, articles 727 et 728 du code Napoléon, déclare indignes, dans les derniers rangs sociaux, de succéder celui qui a donné la mort au défunt... A quelle plus grande hauteur ne s'élève pas l'indignité de celui qui verse le sang du meilleur et du plus saint des rois, son parent et son maître ! A quelle indignité ne se condamne pas celui qui, comblé des bienfaits d'un Roi qui lui pardonnne *toujours* quand il ne devait être que *juste* , le trahit et aide à le précipiter d'un trône qu'il aurait dû défendre jusqu'à la dernière goutte de son sang...

Et vous parlez de dix siècles de gloire ! Ils ne vous appartiennent pas , ces dix siècles ! Vous datez de 93 ; c'est dans la fange révolutionnaire qu'on trouve votre berceau. Aimez-vous mieux remonter jusqu'au Régent ? Je vous l'accorde , mais il n'y a pas de quoi se vanter...

VI.

Et vous dites qu'en 1830 « le trône était vacant » et que votre père « y a été appelé par les représentants de la nation. » Triste et double mensonge , je regrette de vous le dire. Ne répétez pas, par pudeur , Monsieur le Duc , cette leçon de famille. Les faits enregistrés par l'histoire sont plus hauts que vous. Ne cherchez pas à les passer au lit de Procuste et à les rapetisser aux misérables besoins de votre cause.

En France, vous savez que, d'après les principes de notre droit public , le trône n'est jamais vacant. En accusant cette vacance , vous imposez vous même une flétrissure à votre famille. Cette vacance c'est votre père qui l'a créée , qui l'a ouverte , comme on ouvre la succession d'un parent qu'on assassine... Mais lisez donc le *Moniteur* du 6 août 1830 (1) et vous verrez comment le Lieutenant-général , nommé pour soutenir les droits d'un orphelin , s'est chargé lui-même *de faire cette vacance* en lançant les bandes

(1) Voir les notes n° 3 et 4 à la fin du volume.

insurgées sur Rambouillet afin de forcer la famille royale à quitter le territoire français !

Quant à *la volonté nationale*, de grâce, cessez d'en parler : on se moquerait de vous. Vos amis les plus excentriques, au moment où j'écris ces lignes, n'osent plus le dire. Où avaient-ils puisé leurs mandats constituants, ces 219 députés qui ont formé le gouvernement de 1830 ? Est-ce dans la volonté de la nation ? elle n'a pas été consultée ! — Est-ce dans le suffrage des 200 mille électeurs qui les avaient élus ? Mais ces électeurs du privilége et du monopole, tout viciés qu'ils étaient dans leur constitution, n'ont jamais rien autorisé de pareil. — Est-ce dans un mandat quelconque ? Mais ces 219 traîtres avaient prêté serment à leur Roi, à la Charte, au pays ; rien ne les engageait à la faction d'Orléans, qu'ils ne pouvaient soutenir qu'en violant toutes les lois...

Il n'y a point eu de nation consultée ! Il n'y a point eu de volonté nationale exprimée !... Il n'y a eu qu'une faction, agissant par surprises, par ruse, par crime, faisant prendre le change au public, en couvrant de l'expression menteuse de *vœu national* le résultat de ses intrigues et de ses conspirations.

La nation subissait votre famille : elle vous l'a bien fait voir le 24 février...

VII.

Votre famille, à tout prendre, méritait-elle, à quelque égard que ce fût, la confiance de la nation et pouvez-vous être reçu à dire que votre père « parlait moins des principes de 89, mais qu'il les pratiquait davantage » que le régime actuel et que « leur

» application était une sourcc d'ordre, de liberté et de prospérité. »

Vous obligez à jeter, malgré soi, un coup-d'œil rapide sur la politique intérieure et extérieure de l'orléanisme, de 1830 à 1848, et de la comparer à celle de 1815 à 1830.

La Restauration a payé les dettes de la révolution ; elle s'est trouvée en face de la situation la plus lamentable et la plus difficile. Elle a rétabli l'ordre et la prospérité dans les finances et rendu la vie et l'essor au commerce, à l'agriculture, à toutes les industries. Malgré la dette de 1500 millions payée à l'Etranger, malgré le milliard des émigrés dont votre famille a eu une si bonne part, elle a fait la guerre d'Espagne ; elle a concouru à Navarin à l'émancipation de la Grèce et conquis un immense empire en Afrique. Elle allait reprendre nos limites du Rhin quand l'Angleterre et votre faction ont fait la révolution de juillet... On peut, à juste titre, être fier de cette grande quoique courte période de quinze ans que l'opposition orléaniste a appelée du nom de *Comédie* jouée à son profit. L'ordre, la liberté, la prospérité de la France y ont été empreints d'un sceau indélébile.

L'orléanisme arrive ; il est à l'œuvre... et comme il est ANGLAIS PAR BESOIN ET PAR PRINCIPES (il l'a tristement écrit), son premier désir politique est de sacrifier à l'Angleterre notre empire d'Afrique. Un sentiment d'indignation nationale a empêché cet acte honteux.

Vous vantez beaucoup la conduite de votre père sur ce qu'il a fait en Belgique ; l'Angleterre lui a permis de faire le siége de la citadelle d'Anvers et, le feu de la citadelle éteint, il a dû se retirer cinq minutes après.. Et la Belgique, qui ne demandait qu'à redevenir française, a été placée sous l'empire d'un prince Anglais... Cela vaut peu la peine de s'en vanter.

La Pologne s'émeut. Elle veut renaître à son autonomie, à ses libertés. Votre père l'excite ; la presse, la tribune, des manifestations publiques font croire à de sérieuses sympathies... Le sang coule... Ces Français du Nord font des prodiges de valeur. Ils finissent par succomber sous le nombre, et Sébastiani, ministre de Louis-Philippe, vient froidement annoncer à la tribune que *l'ordre règne dans Varsovie*, quand le dernier de ses héros a été écrasé à Ostrolaka.

Vous parlerai-je maintenant de la manière dont les vôtres ont envisagé cette grave question d'Orient et de la conduite que vous avez fait tenir à cet illustre amiral Lalande, appelé par ses égaux le Napoléon des mers ? Vous rappellerai-je ce fameux traité du 15 juillet 1840, conclu sans l'adhésion de la France, à l'insu de la France, contre la France, à l'instigation de vos bons amis les Anglais qui avaient eu assez peu de considération pour le chef de votre dynastie pour le jeter, sans façon, hors du concert européen ? — Vous rappellerai-je aussi le fameux droit de visite, l'indemnité Pritchard, l'affaire des 25 millions d'Amérique ; en un mot, toute la politique chapeau-bas de votre père devant l'Europe et en particulier aux pieds de la Grande-Bretagne ? — A-coup-sûr, le chef de votre race n'a pas brillé. Il a fait de la politique au jour le jour, de la non-intervention élevée à la dernière puissance, de la politique triviale, c'est-à-dire bourgeoise, mais non une politique digne du grand pays qu'il commandait. Aussi, un tel régime devait-il finir, non comme la comédie de *quinze ans*, mais comme un drame de mauvais goût, sifflé par la France entière.

Si, de l'Extérieur, nous revenons à ce qui se passait au sein du pays, nous nous demandons où vous placez l'ordre, la liberté et la prospérité. Sera-ce dans les massacres des 5 et 6 juin 1832 ? Sera-ce dans la rue Transnonin ? Sera-ce dans les lois de septembre, dans vos lois draconiennes sur la presse ? Sera-ce dans vos mariages luthériens ? Sera-ce dans l'esprit voltairien de votre père, dans le sac de l'Archevêché ? Sera-ce dans vos quinze cents millions de budget ? (au lieu des 900 de la Restauration) Sera-ce dans vos électeurs à 200 francs ? Sera-ce dans votre Chambre de fonctionnaires et de repus ? Sera-ce dans les mystères terribles qui enveloppent le drame de St-Leu, mystères que la justice de l'avenir devra tôt ou tard dévoiler ? Sera-ce enfin dans les scandales et les corruptions qui déshonorent tous les règnes qui en sont infectés comme l'a été celui de Louis-Philippe, etc., etc.

Ne parlez pas si haut à l'endroit des principes de 1789. Votre ère de 18 ans ne représente qu'un régime de privilége et de monopole. Vous avez fait tout ce que vous avez pu pour étouffer le droit commun. Vous avez perverti le sens moral de la nation. Voilà ce qu'il faut reconnaître et dire en vous recommandant d'observer la poutre que vous avez dans l'œil avant de remarquer la paille qu'il y a dans l'œil des voisins, dont je n'ai pas la liberté de m'occuper autrement ici...

VIII.

Vous avez dit, Monsieur le Duc, que votre père n'avait jamais conspiré. Je crois avoir acquis le droit de vous répondre que votre assertion n'est pas sérieuse.

Vous avez répété, d'après les échos de vos courtisans, que le trône était vacant en 1830. C'est un fait démenti par les actes les plus authentiques et sur lequel il serait ridicule d'insister.

Vous avez avancé avec un certain amour-propre de famille que la volonté nationale avait appelé au trône Louis-Philippe... Cette prétention n'est plus de mise. La nation n'a jamais donné de consentement à ce criminel escamotage.

Reste le caractère de PUR que vous donnez à la révolution de Juillet. Cela prouve que vous n'êtes pas difficile ; mais vous trouverez peu de Français qui n'aient pas partagé les dégoûts que l'avénement de votre dynastie a excités et la joie que sa fuite a provoquée.

Tout cela est acquis et nous n'y reviendrons plus.

Il reste à examiner le côté qui vous devient personnel dans tout ceci. Vous prenez la parole pour tous, au nom de tous. C'est le sentiment de tous qui se traduit ; c'est la pensée commune que vous révélez au public.

Si vous ne revenez de vos erreurs, vous ferez penser que vous acceptez le passé que vous glorifiez ; vous ferez dire que vous vous en constituez le complice et que vous prenez une désolante solidarité.

J'ai voulu en douter jusqu'à ce moment ; mais en vous relisant je n'ai pas tardé à reconnaître moi-même que j'étais, à votre endroit, particulièrement dans l'erreur. Oui, vous êtes bien le fils de votre père, l'admirateur de ses œuvres, le continuateur de sa triste politique.

Philippe-Egalité a conspiré en factieux ; Louis-Philippe en misérable ; votre vertueuse tante Adélaïde ne conspirait pas mal ; c'était aussi une habitude dans Marie-Amélie ; voyez sa lettre de Palerme du 16 juillet 1810.

Depuis 1848, la conspiration est à l'état d'ébullition continue dans votre famille. Eisenach et Claremont ont été deux foyers incandescents de conspiration. L'un de ces foyers s'est presque éteint ; il n'y reste plus que deux tisons qui fument un peu par les bouts des comtes de Paris et du duc de Chartres.

Claremont est resté à l'état volcanique. C'est vous qui commandez à la lave, qui la lancez du cratère orléaniste et qui cherchez à propager l'incendie.

Je crois, Monsieur le Duc, que si l'on vous laissait faire, vous iriez loin, et que tout en revendiquant pour les vôtres des droits qu'ils n'ont jamais eus, vous feriez assez lestement à votre neveu le Comte de Paris, le cas échéant, ce que Louis-Philippe a fait à Henri V ; mais laissons en quarantaine ce mauvais soupçon.

Je viens de dire que la conspiration était l'état normal de votre famille à l'Etranger contre la France. Je dois ajouter quelque chose de plus. Loin de moi la pensée d'accroître les souffrances de l'exil ou de signaler des individualités aux susceptibilités du Pouvoir: Dieu m'en garde ! Je demande au contraire pour tous la liberté de discussion; l'arbitraire est mon cauchemar. Mais si je repousse avec indignation la délation, je suis toujours debout pour accuser les ennemis du pays et signaler leurs complots menaçants contre la patrie.

Depuis 1848, l'esprit d'ambition, de révolution n'a pas cessé de vous agiter. Loin de rentrer dans des sentiments honnêtes, loin de reconnaître les fautes du passé, vous avez ajouté à ces fautes. L'anneau brisé en 1793 n'a point été ressoudé. Vous avez perpétué et rendu plus coupable les divisions et les déchirements de la famille. Un pardon généreux vous était offert; vous vous en êtes éloignés. Vous avez assez compté sur vos forces pour faire répondre, dans une circonstance remarquable, par votre défunte belle-sœur à M. Guizot : « Si M. le comte de Chambord a des droits, » mon fils a des chances. » Tout votre programme est là. Que vous importe le droit ? Des chances ! Quel mot dans la bouche d'un Bourbon mis en regard du droit ! Cela veut dire, pour qui sait le comprendre, que vous et les vôtres (car vous vivez dans une parfaite communauté de pensées et d'actions) vous comptez sur les intrigues, les complots, les embûches, les conspirations, les crimes enfin qui peuvent vous ouvrir les portes de la France.

La conduite et le langage orléanistes nous démontrent jusqu'à la dernière évidence les tendances criminelles de vos séïdes. Un instant terrassé par la foudre de Février, l'orléanisme, depuis 1848, cherche à relever la tête. Sous le masque d'un faux amour de la liberté et de dévouement au pouvoir, il cherche à se mêler à tout, à s'insinuer partout avec son souffle empoisonné de *parlementarisme* ; car, comme l'a dit un maître : *La révolution a des nuances pour toutes les couleurs.* Et vous êtes venu, Monsieur le Duc, rassurer l'audace de vos acolytes, de votre armée sans soldats, de vos états-majors sans troupes. C'est une seconde révolution *pure* que vous êtes à la veille de tenter, un *trône vacant*, que vous voulez prendre, une *volonté nationale* à laquelle vous êtes prêts à céder, *sans conspirer,* comme votre père.

Désabusez-vous, Monsieur le Duc ; si vous n'avez pas des droits, vous avez moins encore de chances. Le républicain ne vous aime pas ; le légitimiste vous a en horreur ; le peuple des deux côtés se moque de vous. Quant à l'orléaniste, bourgeois repu, il n'a de dévouement que pour sa caisse. Il a trop d'embonpoint pour les évolutions insurrectionnelles; il n'est pas peuple ; il ne sait que corrompre et duper; il lui faut un peuple pour marche-pied, sauf, après le succès, à le renvoyer insolemment à ses durs travaux. Cette tactique est connue et le peuple français n'en veut plus.

Vous n'avez jamais dit, vous et les vôtres : « *Tout par la » France et pour la France !* Votre devise a été et est secrètement : « *Tout pour nous par la révolution !* » Votre égoïsme étroit n'a jamais fait le moindre cas des grands principes de 89, qui ont proclamé et reconnu des droits dont vous n'avez pas l'air de connaître la nature et la portée. Vous les revendiquez comme une enseigne ; c'est une étiquette de plus sur votre marchandise ; c'est un pavillon pour couvrir votre contrebande politique ; mais la France n'a pas, à cet endroit, abdiqué *son droit de visite.*

Je n'ai pas à me mêler de la manière dont les principes de 89 sont actuellement appliqués. Je ne serais pas libre d'énoncer, à cet égard, toute ma pensée. — J'ajouterai, sans vouloir faire injure à qui que ce soit, que le pouvoir n'a pas mes sympathies.

Malgré cela, je ne crains pas de dire que je ne suis pas systématiquement hostile au pouvoir. Si ma conscience garde sa liberté, mon cœur ses sympathies, il y a en moi le caractère et la qualité de français qui m'élèvent au-dessus de tous les accidents humains. Je suis donc Français avant tout. Et lorsqu'un pouvoir quelconque fera quelque chose de grand pour mon pays, j'y applaudirai toujours. Si je ne suis pas l'homme du pouvoir, je suis disposé à être juste pour lui, quand ses actes seront justes. C'est vous donner suffisamment la mesure de toutes mes appréciations ou expresses ou tacites.

Maintenant, Monsieur le Duc, que nous nous comprenons fort bien, permettez-moi de vous dire que si j'avais à choisir seulement entre deux dynasties, — la dynastie napoléonienne et la dynastie d'Orléans, — la vôtre n'aurait pas la préférence, et il y en a beaucoup de mon avis.

IX

Vous et les vôtres, Monsieur le Duc, vous êtes jugés. Comme votre père, vous êtes tous Anglais *par besoin et par principes*. Votre père a tout sacrifié à l'Angleterre ; à votre tour, vous lui livreriez la fortune de la France.

Vous êtes Anglais ! et à ce titre vous êtes solidairement lié à toutes les défaillances, à toutes les hontes du passé ! Vous êtes par besoin et par principes aux genoux de la politique qui a toujours humilié la France, qui impose son exécrable joug à l'Europe et au monde entier.

Vous êtes Anglais! et c'est pour cela que vous vous maintenez dans le tourbillon des révolutions, que vous applaudissez à la politique de la Grande-Bretagne dans le monde et au regard de la France en particulier.

Par votre attitude, Monsieur le Duc, vous vous rendez complice de toutes les récentes infamies de la politique britannique.

Assis au foyer de ce peuple égoïste, aux ambitions échevelées, à l'esprit de domination exclusive, — de ce peuple qui veut tenir dans l'abaissement tous les peuples pour les dominer et les faire servir à ses seuls intérêts, de ce peuple jaloux des progrès du monde dont il essaie vainement d'abaisser le redoutable niveau, — de ce peuple qui ne rêve que révolutions et ruines pour asseoir sa prospérité sur les désastres d'autrui ; vous recevez de ce peuple, des adulations, des honneurs. Il sait que le fils serait digne du père et que ce fils répète déjà qu'il est anglais *par besoin* et *par principe!*

Et devant cette inconséquence qui vous fait blâmer les attentats sacriléges commis au préjudice des souverains légitimes d'Italie et en même temps glorifier, justifier la révolution plus sacrilége encore de 1830, cette inconséquence, dis-je, qui vous fait au-delà des monts le défenseur de la légitimité et en France le fauteur de l'usurpation, ne donne-t-elle pas au cabinet anglais le droit de dire que toute votre indignation n'est qu'une feinte, qu'un levier d'opposition et que vous applaudissez en secret au triomphe de sa politique en Italie? N'a-t-il pas le droit de dire que vous avez battu des mains à l'usurpation des duchés, à l'annexion des Romagnes, à la violation des Etats de l'Eglise et que le fils du dernier des voltairiens ne pouvait que se réjouir de voir atteindre *l'infâme* dans la personne sacrée du Vicaire du Christ. Et ne peut-il pas, en un mot, se donner cette satisfaction de croire que vous avez partagé toutes ses criminelles ardeurs aux récits des attentats inouis dont la Sicile et le royaume de Naples ont été victimes?

Malheureusement il est dans votre *leçon d'histoire*, page 22, une phrase qui, à elle seule, est tout un enseignement et qui lui donne plus que raison. Cette phrase est celle-ci : « *Le statut pié-» montais qui va devenir la loi de toute la Péninsule ne procède-t-il » pas de la Charte de* 1830 ? » Or, vous le savez, Monsieur le Duc, la Charte de 1830 procédait de la Charte anglaise : qui, comme le statut piémontais, est essentiellement révolutionnaire et parlementaire. Il y a donc similitude complète dans vos aspirations avec le cabinet de Saint-James et le cabinet Cavour.

Mais ce que sait encore mieux le cabinet de Saint-James, c'est que si le trône de France était occupé par vous ou l'un des vôtres, vous ne soutiendriez pas les catholiques du Liban ; — vous ne feriez pas creuser le canal de Suez, — vous ne reprendriez ni Gibraltar, ni Périm, — vous n'ouvririez, ni dans l'extrême Orient, ni ailleurs, des voies nouvelles d'activité aux besoins du pays, — vous ne vous livreriez à aucun acte qui pût modifier la servitude imposée par cette caste féodale, ennemie de toutes les libertés, au reste du monde. Voilà ce qu'on sait fort bien et ce que, dans aucune circonstance, vous n'avez démenti quand vous pouviez le faire avec autant de bonheur, de noblesse et de vérité que de succès...

Vous et les vôtres, Monsieur le Duc, vous êtes donc les complices de cette hideuse politique qui fait frissonner la France et l'Europe, et dont la France et l'Europe doivent voir le bout.

Un seul mot suffit en France pour réveiller toutes nos ardeurs : « Guerre à l'Anglais ! »

Il en est un autre que nous répétons avec une indicible frénésie dans nos théâtres publics : « Jamais, jamais en France, jamais l'Anglais ne règnera. » C'est à vous, Messieurs d'Orléans, que le peuple s'adresse, sachez-le bien.

X

Vous avez pu supposer, Monsieur le Duc, au point où nous en sommes, que la passion m'égarait à votre endroit. — Vous vous trompez ; et je vous le dis dans toute la sincérité de mon âme, c'est la douleur la plus profonde qui me pénètre en faisant un retour sur le passé.

Quand je pense à de jeunes princes, Bourbons d'origine, qui ont été braves sur les champs de bataille ; — lorsque je m'arrête, en particulier, en face de Joinville, à la fibre anti-anglaise, et qui fait exception parmi vous ; j'oublie, un moment, les fautes de votre père et de votre aïeul et je me demande comment il est possible que vous puissiez persister dans de si déplorables errements.

Je me demande pourquoi, comme Bourbons, vous n'étiez pas tous à Castelfidardo ; — tous à Gaëte aux côtés de l'héroïque François II et de sa sublime épouse ; — tous aux pieds de Sa Sainteté Pie IX ; — tous dans la ligne du devoir.

Un esprit d'orgueil et d'ambition vous agite et vous perd. Le droit d'aînesse ne vous appartient pas... Le crime de 1830 n'a point ouvert pour vous de succession légitime... La défection de Philippe-Egalité, la faction de Louis-Philippe, la rébellion où vons persistez n'enfanteront jamais un droit.

Vous ne serez jamais l'égal de votre maître !

On a parlé, jadis, de fusion. Il ne vous en est dû aucune. Un droit ne fusionne pas avec le non-droit ; la vérité avec le mensonge..... Fusion signifie alliage, assimilation, cela est moralement, logiquement, politiquement impossible à réaliser.

Vous devez être unis ; et vous n'arriverez à l'union que par la soumission. Vous devez être aux pieds de votre chef et non ailleurs ; entendez-vous ? Là est toute ma leçon de moralité politique.

Sollicitez son pardon ; il en est temps encore. Son grand cœur ne vous le refusera pas. Et alors vous redeviendrez dignes du nom illustre que vous portez et dont l'éclat ne vient pas de vous; mais vous lui en donnerez un nouveau qui effacera les souillures de la faction d'Orléans.

Si un orgueil étroit vous égare, si le sentiment de la dignité et du devoir ne renaît pas dans vos âmes, vous n'êtes plus pour nous des Bourbons ; vous n'êtes que des aventuriers !

Arles-sur-Rhône, 31 mai 1861.

Frédéric BILLOT.

POST-SCRIPTUM.

Au moment où je suis sous presse, une dépêche électrique, sous la date du 6 juin, apporte en France la nouvelle de la mort du comte de Cavour. *Sicut fulgur transivit.*

Cavour, comme votre frère, Monsieur le duc, est mort dans *le chemin de la révolte !*

Cet homme, vous le savez, comblé de faveurs exeptionnelles, saturé d'influences dont il était le centre, enflé d'une réputation qui n'était riche que de parasitisme, cet homme a fait beaucoup de mal. Ses projets insensés, ses actes sacriléges, la fin, dans sa personne, de cette vie d'agitations et de perversités viennent de donner au monde un exemple de plus du crime qui s'élève et que la main de Dieu abaisse en se jouant de ses audaces. — L'homme s'agite et Dieu le mène!

Cavour rêvait du capitole, et le jour marqué par lui pour inaugurer son triomphe est celui que la Providence choisit pour lui donner, au lieu des clés de Rome, celles de l'éternité..... On dit qu'il s'est repenti à sa dernière heure; l'exemple en est bon à citer et je lui pardonne sans l'absoudre. Il ne s'est ressouvenu que trop tard que la barque de Pierre braverait à jamais tous les flots.

Vous n'êtes point un Cavour, Monsieur le duc, quoique vous en ayez les instincts; vous êtes moins encore un *César déclassé, coulé dans le moule d'un empereur romain*..... Vous avez une taille plus modeste. Vous rêvez de révolution banale, une expulsion de lieux, par exemple, pour apporter vos meubles aux Tuileries. Vous voulez les clés de Paris comme Cavour celles de Rome. Vous ne serez pas plus heureux que le ministre piémontais!

N'essayez pas, Monsieur le duc, contre la France, les fausses clés de la révolution; la serrure résisterait et les clés se briseraient dans vos mains!

Frédéric Billot.

15 juin, 1861.

NOTES.

Note n° 1. — Déclaration d'Hartwell, écrite en 1803 par Louis-Philippe.

Nous déclarons qu'étant convaincu que la grande majorité du peuple français partage tous les sentiments qui nous animent, nous faisons, tant au nom de nos loyaux compatriotes qu'en notre propre nom, le serment solennel et sacré que nous avons prêté sur notre épée, à notre roi, de vivre et de mourir fidèle à notre honneur et à notre souverain légitime !... Si l'injuste emploi d'une force majeure parvenait (ce qu'à Dieu ne plaise !) à placer *de fait* et non *de droit* sur le trône de France tout autre que notre roi légitime, nous déclarons que nous suivrions avec autant de confiance que de fidélité la voix de l'honneur, qui *nous prescrit* d'en appeler jusqu'à notre *dernier soupir*, à Dieu, aux Français et à notre épée.

N° 2. — Proclamation aux Français.

Français !

On me force à rompre le silence que je m'étais imposé, et puisqu'on ose mêler mon nom à des vœux coupables et à de perfides insinuations, mon honneur me dicte, à la face de l'Europe entière, une protestation solennelle que me prescrivent mes devoirs.

Français, on vous trompe, on vous égare; mais qu'ils se trompent surtout ceux d'entre-vous qui *s'arrogent le droit de se choisir un maître*, et qui, dans leur pensée, outragent par de séditieuses espérances un prince, le plus fidèle sujet du roi de France.

Le principe inexorable de la légitimité est aujourd'hui la seule garantie de la paix en France et en Europe; *les révolutions n'en ont fait que mieux sentir la force et l'importauce.* Consacré par une ligue guerrière et par un congrès pacifique de tous les souverains, ce principe deviendra la règle invariable des règnes et des *successions*.

Oui, Français, je serais fier de vous gouverner, mais seulement si j'étais assez malheureux pour que *l'extinction* d'une race illustre eût marqué ma place au trône. Ce serait alors seulement que je ferais connaître aussi *des intentions peut-être bien éloignées de celles qu'on me suppose et que l'on voudrait me suggérer.*

Français ! je ne m'adresse qu'à quelques hommes égarés; revenez à vous-mêmes et proclamez-vous fidèles sujets de Louis XVIII et de *ses héritiers naturels*, avec l'un de vos princes et de vos concitoyens.

Paris, 1816. *Signé*. Louis PHILIPPE d'Orléans.

N° 3. — Lieutenance générale du royaume.

Paris, 3 août 1830.

S. M. Charles X ayant abdiqué sa couronne, et S. A. Mgr le Dauphin ayant également renoncé à ses droits, il est devenu *indispensable* qu'ils s'éloignent immédiatement du territoire français; en conséquence, le lieutenant-général comte Pajol est chargé de prendre *toutes les mesures pour les y déterminer* et pour veiller à la sûreté de leurs personnes. Il sera mis à sa disposition toutes *les forces dont il aurait besoin.*

Signé : Louis PHILIPPE d'Orléans.

Le Commissaire provisoire au département de la guerre,

Signé : Comte GÉRARD.

Des droits du duc de Bordeaux pas un mot!

Note 4. — MONITEUR du 6 août 1830.

« Charles X avait formé, à Rambouillet, un camp où s'étaient groupés autour » de lui divers corps de la garde royale. On ne pouvait laisser subsister aux portes » de la capitale une force armée qui ne relevait pas du gouvernement établi, et qui, » par sa seule présence près de Paris, y entretenait dans la population un état d'ir- » ritation dangereuse; en effet, l'agitation augmentait d'une manière effrayante dans » la capitale, et il y avait à tout instant lieu de craindre que *des masses populaires* » *ne s'ébranlassent et ne se missent en marche sur Rambouillet.*

» Le lieutenant-général du royaume reconnut alors la nécessité de *devancer le* » *mouvement* que la prolongation du séjour du roi Charles X, à Rambouillet, ne » pouvait manquer de produire, afin de placer à sa tête des chefs qui, en le régula- » risant, prévinssent les excès...

» IL ORDONNA AU GÉNÉRAL LAFAYETTE DE FAIRE MARCHER SIX MILLE HOMMES DE » GARDE NATIONALE DANS LA DIRECTION DE RAMBOUILLET, *espérant que cette démons-* » *tration suffirait pour* DÉTERMINER CHARLES X A PRENDRE LE SEUL PARTI QUE TANT » DE CIRCONSTANCES SE RÉUNISSAIENT POUR LUI FAIRE ADOPTER, CELUI DE S'ÉLOIGNER, » et de dissoudre les rassemblements dont il était entouré. Mais aussitôt qu'on vit » la garde nationale se préparer à marcher, le nombre de ceux qui s'y joignirent » volontairement prit une telle extension que quarante à cinquante mille hommes se » mirent aussitôt en route, avec cet élan qui caractérise le *peuple français* dans ses » entreprises... etc.

....

» Il désignait (le duc d'Orléans) commissaires le maréchal Maison, M. Schonen » et M. Odilon-Barrot, pour se transporter auprès du roi Charles X, et veiller à » sa sûreté JUSQU'A LA FRONTIÈRE.

» Vous ne quitterez pas mes parents (leur dit-il), que vous ne les ayez vus em- » barqués; car, jusque-là, je serais inquiet sur leur sûreté. »

Quelle tendre sollicitude!

Tel est le moyen que prit Louis-Philippe pour empêcher *que des masses populaires ne s'ébranlassent et ne se missent en marche sur Rambouillet*: il les y envoya lui-même... et le trône fut *vacant*...

www.ingramcontent.com/pod-product-compliance
Lightning Source LLC
LaVergne TN
LVHW010304230826
846091LV00007BB/2693